Pastorcita

Nidos
para la
lectura

ALFAGUARA MR

INFANTIL

Pastorcita

RAFAEL POMBO

Ilustraciones de Alekos

ALFAGUARA^{MR}

INFANTIL

PASTORCITA

D.R. © del texto: RAFAEL POMBO
D.R. © de las ilustraciones: ALEKOS, 2005

D.R. © de esta edición:
Editorial Santillana, S.A. de C.V., 2013
Av. Río Mixcoac 274, Col. Acacias
03240, México, D.F.

Alfaguara Infantil es un sello editorial licenciado a
favor de Editorial Santillana, S.A de C.V.
Éstas son sus sedes:

ARGENTINA, BOLIVIA, CHILE, COLOMBIA, COSTA RICA, ECUADOR, EL
SALVADOR, ESPAÑA, ESTADOS UNIDOS, GUATEMALA, MÉXICO, PANAMÁ,
PARAGUAY, PERÚ, PUERTO RICO, REPÚBLICA DOMINICANA, URUGUAY Y
VENEZUELA.

Primera edición en Santillana Ediciones Generales, S.A de C.V.:
enero de 2008
Primera edición en Editorial Santillana, S.A. de C.V.:
mayo de 2013
Segunda reimpresión: noviembre de 2014

ISBN: 978-607-01-1541-7

Diseño de la colección: Camila Cesarino
Composición de interiores y cubierta: Vicky Mora

Nidos para la lectura es una colección dirigida
por Yolanda Reyes para el sello Alfaguara Infantil.

Impreso en México

A los padres...

Decir que "Pastorcita perdió sus ovejas" es como pronunciar un viejo conjuro de la infancia. Con ésa y con otras entrañables historias que el poeta colombiano Rafael Pombo tomó de la tradición inglesa y que tan acertadamente recreó para nuestro idioma, han crecido muchas generaciones de lectores. Los cuentos en verso de Pombo hacen parte de nuestra cultura literaria: de ese legado que recibimos de los mayores y que luego, siguiendo la cadena, entregamos a quienes nos suceden.

En su sentido etimológico, la palabra *recordar* significa *pasar por el corazón*. Y la palabra *tradición*, heredada del latín *trado*, significa *entregar*. Eso es exactamente lo que hacemos los adultos cuando compartimos historias clásicas con los pequeños: *pasar por el corazón* aquello que es parte de nuestra memoria poética más antigua, para *entregarlo* a la siguiente generación. De ahí que la lectura de *Pastorcita* sea un ritual de encuentro entre distintas épocas. Al revivir, en nuestra voz, el ritmo y la emoción de aquellos primeros encuentros con la literatura, nuestros hijos podrán experimentar la misma sensación que se apoderaba de nosotros hace mucho, mucho tiempo, cuando alguien nos leía.

Para continuar esa conversación entre distintos lenguajes y generaciones, le encargamos a Alekos, uno de los más destacados ilustradores colombianos, que hiciera su propia versión de la historia. El resultado es este libro que reúne poesía e imagen. Queremos que en el cruce de caminos, entre la Pastorcita de siempre y ésta contemporánea de Alekos, se encuentren los padres y los hijos para experimentar el placer de mirar, escuchar y releer una de esas historias que permanecen grabadas en nosotros y que, a la vez, se siguen transformando en cada nueva lectura.

YOLANDA REYES
Directora de la colección

Pastorcita perdió sus ovejas
¡y quién sabe por dónde andarán!

No te enfades, que oyeron tus quejas
y ellas mismas bien pronto vendrán.

Y no vendrán solas, que traerán sus colas,
y ovejas y colas gran fiesta darán.

Pastorcita se queda dormida,
y soñando las oye balar;

se despierta y las llama enseguida,
y engañada se tiende a llorar.

No llores, Pastora, que niña que llora
bien pronto la oímos reír y cantar.

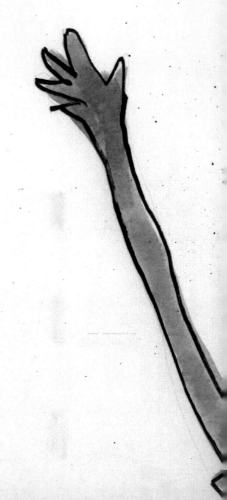

Levantóse contenta, esperando
que ha de verlas bien presto quizás;

y las vio; mas dio un grito observando
que dejaron las colas detrás.

¡Ay mis ovejitas! ¡Pobres raboncitas!.
¿Dónde están mis colas? ¿No las veré más?

Pero andando con todo el rebaño
otro grito una tarde soltó,
cuando un gajo de un viejo castaño
cargadito de colas halló.

Secándose al viento, dos, tres, hasta ciento,
¡allí unas tras otras colgadas las vio!

Dio un suspiro y un golpe en la frente,
y ensayó cuanto pudo inventar,

miel, costura, variado ingrediente,
para tanto rabón remendar;

buscó la colita de cada ovejita
y al verlas como antes se puso a bailar.

Este ejemplar se terminó de imprimir en Noviembre de 2014,
En COMERCIALIZADORA DE IMPRESOS OM S.A. de C.V.
Insurgentes Sur 1889 Piso 12 Col. Florida
Alvaro Obregon, México, D.F.